PROGRAMME DES CONDITIONS D'ADMISSION

et de l'Enseignement

À

L'ÉCOLE DE NOTARIAT

DE CLERMONT-FERRAND

FONDÉE ET ADMINISTRÉE

par la Ville de Clermont-Ferrand

PLACÉE SOUS LE PATRONAGE

du Comité Régional des Notaires de la Cour d'Appel de Riom et d'un Comité de Perfectionnement

CONTROLÉE

par un Conseil de Surveillance

SOMMAIRE :

Ouverture des Cours de l'année scolaire 1914-1915
Le Mardi 10 Novembre 1914

Direction : 5. Avenue du Puy-de-Dôme — Téléphone 6-72

MONT-LOUIS, CLERMONT-F^d

ÉCOLE DE NOTARIAT

DE

CLERMONT-FERRAND

Demande provisoire d'Inscription

Nom. . . . .

Prénoms . . . .

Lieu de naissance. . .

Date de la naissance.

Adresse personnelle. .

Durée du stage (s'il y a lieu) . . . .

Profession et adresse des parents . . . . .

Date et signature du candidat . . . . . .

Prière d'envoyer la présente feuille, après avoir mentionné les renseignements, à M. le Directeur de l'Ecole de Notariat de Clermont-Ferrand, 5, avenue du Puy-de-Dôme.

Ecole de Notariat de Clermont-Ferrand

COMITÉ DE PERFECTIONNEMENT

PRÉSIDENT :

M. le Docteur VIGENAUD, C ✳, I ✳, O ✠, Maire de Clermont-Ferrand.

MEMBRES :

M. BECQ, O ✳, I ✳, C ✳, Préfet du Puy-de-Dôme ;

M. DUCROUX, O ✳, I ✳, Premier Président de la Cour d'Appel de Riom ;

M. DEPEIGES, ✳, I ✳, Procureur Général près la Cour d'Appel de Riom ;

M. CLÉMENTEL, Président du Conseil général, ancien Ministre, Député, Maire de Riom ;

M. ALBERT, Président du Tribunal Civil ;

M. PORTE, A ✳, Procureur de la République ;

M. CHALUS, ✳, Président de la Chambre de Commerce ;

M. ROUZAUD, ✳, Président du Tribunal de Commerce ;

M. GOYON, Bâtonnier de l'Ordre des Avocats à la Cour de Riom ;

M. COLOMBIER, Bâtonnier de l'Ordre des Avocats de Clermont-Ferrand ;

M. GOUTET, A ✳, Président de la Chambre des Avoués à la Cour d'Appel de Riom ;

M. DANDEC, Président de la Chambre des Avoués au Tribunal Civil de Clermont-Ferrand ;

M. DE LACODRE, Président de la Chambre des Notaires de Riom ;

M. Crouzy, Président de la Chambre des Notaires de
Clermont-Ferrand ;

M. Tailhardat, Doyen des Agréés au Tribunal de Commerce ;

M. Bruel, A ✿, Directeur de l'Enregistrement, des
Domaines et du Timbre ;

M. Bogros, I ✿, Délégué du Conseil municipal, Industriel ;

M. Fabre, ✳, I ✿, Délégué du Conseil municipal, ancien Maire, Avocat ;

M. Girod, ✳, I ✿, Délégué du Conseil municipal, Professeur Agrégé de Philosophie au Lycée ;

M. le Docteur Marcombes, I ✿. Délégué du Conseil
municipal, Membre du Conseil Général ;

M. Chambige, Vice-Président du Conseil Général, Sénateur du Puy-de-Dôme ;

M. Sabaterie, Vice-Président du Conseil Général, Sénateur du Puy-de-Dôme ;

M. Bayle, ✳, I ✿, Délégué du Conseil Général ;

M. Lamothe, ✳, I ✿, Délégué du Conseil Général ;

M. Crochepierre, I ✿, O ✳, Directeur de l'Ecole de
Notariat.

CONSEIL DE SURVEILLANCE

PRÉSIDENT :

M. ALBERT........ Président du Tribunal Civil.

MEMBRES :

M. PORTE......... Procureur de la République ;
M. COLOMBIER. Bâtonnier de l'Ordre des Avocats ;
M. BRUEL......... Directeur de l'Enregistrement ;
M. CROUZY....... Président de la Chambre des Notaires.

DIRECTEUR DE L'ÉCOLE

M. Charles CROCHEPIERRE, I ✻, O ✻, ✦, Directeur honoraire de l'Ecole de Notariat de Limoges.

CORPS ENSEIGNANT

PREMIERE ANNÉE

DROIT CIVIL

M. PAJOT, ✠, Ancien Bâtonnier, Avocat au Barreau de Clermont-Ferrand, Docteur en Droit;

M. LACROIX, A ✻, Ancien Substitut du Procureur de la République, Avoué à la Cour d'Appel de Riom, Docteur en Droit.

DROIT CIVIL APPLIQUÉ

M. PLANCHE, A ✻, Avocat au Barreau de Clermont-Ferrand, Ancien Membre du Conseil de l'Ordre.

LÉGISLATION NOTARIALE

M. CROCHEPIERRE, I ✻, O ✻, Ancien Professeur de Législation Notariale à l'Ecole de Notariat de Limoges, Directeur de l'Ecole.

DROIT NOTARIAL

M. ROGIER, Notaire honoraire à Clermont-Ferrand, Ancien Membre de la Chambre, Docteur en Droit.

DROIT FISCAL

M. FRUCHIER. A ⚜, Inspecteur de l'Enregistrement, Ancien Examinateur de l'Ecole de Notariat de Marseille.

DROIT ADMINISTRATIF

M. MASSÉ. A ⚜, O ✠, Ancien Avocat à la Cour d'Appel de Riom, Ancien Membre du Conseil de l'Ordre, Avoué à la Cour, Docteur en Droit.

LÉGISLATION FINANCIÈRE

M. LAMBERT, Avocat, Secrétaire du Conseil de l'Ordre des Avocats au Barreau de Clermont-Ferrand, Docteur en Droit.

TRAVAUX PRATIQUES DE NOTARIAT

M. BERTRANDON, Notaire à Riom, Syndic de la Chambre, Docteur en Droit ;

M. HUGUET, Ancien Avoué près le Tribunal Civil, Notaire à Billom, Docteur en Droit ;

M. PRUNEYRE, Notaire à Lezoux, Membre de la Chambre des Notaires d'Ambert, Lauréat de l'Ecole de Notariat de Bordeaux.

DEUXIÈME ANNÉE

DROIT CIVIL

M. LACROIX, A ✿, Avoué à la Cour d'Appel de Riom, Ancien Substitut du Procureur de la République, Docteur en Droit;

M. JUILHARD, Avocat, Ancien Professeur libre de Droit, Docteur en Droit.

DROIT CIVIL APPLIQUÉ

M. DELESTRADE, Avocat à la Cour d'Appel de Riom, Ancien Bâtonnier de l'Ordre des Avocats au Barreau d'Yssingeaux.

DROIT NOTARIAL

M. VÉDRINES, A ✿, ✿, Juge au Tribunal Civil de Thiers, Ancien Notaire à Issoire, Ancien Président de la Chambre des Notaires.

DROIT FISCAL

M. FRUCHIER, A ✿, Inspecteur de l'Enregistrement, Ancien Examinateur à l'Ecole de Notariat de Marseille.

PROCÉDURE CIVILE

M. LALY, Avoué au Tribunal Civil, Ancien Membre de la Chambre, Docteur en Droit.

VOIES D'EXÉCUTION

M. FOISSET, Avocat, Ancien Principal Clerc d'Avoué à Paris, Ancien Elève Diplômé de l'Ecole des Sciences Politiques, Docteur en Droit.

Ecole de Notariat de Clermont-Ferrand

INTRODUCTION

I. — L'Enseignement dans les Facultés

Les Facultés de Droit de France donnent un enseignement qui jouit, à juste titre, d'un grand renom : c'est avec une libéralité bien comprise que la science du Droit est exposée aux jeunes gens tant français qu'étrangers.

L'étudiant qui a suivi avec fruit cet enseignement véritablement supérieur possède un instrument de travail des plus précieux, quelle que soit la carrière vers laquelle il dirige ses pas.

Mais ce jeune homme saura-t-il immédiatement se servir de cet instrument ?

Non assurément.

Certains esprits auraient voulu que l'enseignement des professeurs de Droit eût pour objectif principal l'initiation de l'étudiant à sa future carrière. Mais il faut le reconnaître hautement, le rôle des Facultés n'est pas de transformer en praticiens rompus aux affaires les jeunes gens qui leur arrivent ignorant les plus élémentaires notions du Droit.

Voici la mission des Facultés : faire devant les étudiants l'exégèse des lois existantes, remonter à leurs sources, retracer leur histoire, les comparer aux lois des pays étrangers. En résumé, faire de ces

DROIT COMMERCIAL

M. Izambard, Agréé près le Tribunal de Commerce, Ancien Avocat, Docteur en Droit.

DROIT INTERNATIONAL PRIVÉ

M. Cluzel, Avocat à la Cour d'Appel de Riom, Docteur en Droit.

TRAVAUX PRATIQUES DE NOTARIAT

M. Bertrandon, Notaire à Riom, Syndic de la Chambre, Docteur en Droit;

M. Huguet, Ancien Avoué près le Tribunal Civil, Notaire à Billom, Docteur en Droit;

M. Pruneyre, Notaire à Lezoux, Membre de la Chambre des Notaires d'Ambert, Lauréat de l'Ecole de Notariat de Bordeaux.

Ecole de Notariat de Clermont-Ferrand

INTRODUCTION

I. — L'Enseignement dans les Facultés

Les Facultés de Droit de France donnent un enseignement qui jouit, à juste titre, d'un grand renom : c'est avec une libéralité bien comprise que la science du Droit est exposée aux jeunes gens tant français qu'étrangers.

L'étudiant qui a suivi avec fruit cet enseignement véritablement supérieur possède un instrument de travail des plus précieux, quelle que soit la carrière vers laquelle il dirige ses pas.

Mais ce jeune homme saura-t-il immédiatement se servir de cet instrument ?

Non assurément.

Certains esprits auraient voulu que l'enseignement des professeurs de Droit eût pour objectif principal l'initiation de l'étudiant à sa future carrière. Mais il faut le reconnaître hautement, le rôle des Facultés n'est pas de transformer en praticiens rompus aux affaires les jeunes gens qui leur arrivent ignorant les plus élémentaires notions du Droit.

Voici la mission des Facultés : faire devant les étudiants l'exégèse des lois existantes, remonter à leurs sources, retracer leur histoire, les comparer aux lois des pays étrangers. En résumé, faire de ces jeunes gens des jurisconsultes, leur inculquer l'esprit juridique.

Donc l'enseignement dans les Facultés de Droit doit rester ce qu'il est, car il est parfait.

II. — Insuffisance du Stage

Mais puisque, au sortir de la Faculté, le docteur, le licencié, le capacitaire en Droit, n'est pas en état d'exercer la profession à laquelle il se destine, comment acquerra-t-il les connaissances pratiques nécessaires?

Jusqu'à ces dernières années, c'était au stage seul qu'on les demandait. Aux futurs notaires on disait : « Le savoir professionnel ne peut s'acquérir que par la cléricature : faites un stage notarial. »

Evidemment le stage représente pour l'exercice futur de la profession un mode d'initiation qu'aucun autre ne saurait remplacer. Il constitue le soubassement indispensable et personne ne conteste sa nécessité. Mais la question de savoir s'il suffit est bien différente.

Si le stage est accompli volontairement à titre de clerc amateur, le jeune homme apprendra peu. Car l'officier ministériel n'étant pas en droit de compter sur sa présence assidue, se gardera bien de lui confier la rédaction des actes importants qui serait la plus instructive.

Le stage rétribué lui-même, qui est le seul vraiment pratique, ne va pas sans inconvénients. Dominé par le souci, très légitime, d'une bonne gestion de son étude, l'officier ministériel se préoccupera secondairement de la formation de ses clercs. Il suffira que le travail de chaque jour soit fait dans des conditions satisfaisantes.

Il est donc permis de se demander si le stage seul a toute l'efficacité qu'on lui suppose.

Nous ne le croyons pas, car pour acquérir toutes les connaissances nécessaires à l'exercice de la profession notariale, il faut un effort opiniâtre et de longue durée.

Le stage tel qu'il est organisé entraîne une perte de temps considérable, provoque encore trop souvent d'invincibles découragements et laisse fréquemment dans les connaissances pratiques des lacunes que l'exercice ultérieur de la profession ne réussit pas toujours à combler.

Donc le stage est insuffisant.

III. — Nécessité d'un Trait d'Union entre les Ecoles de Droit et le Monde des Affaires.

Nous croyons avoir démontré que l'enseignement des Facultés de Droit doit rester ce qu'il est et que le stage est trop défectueux pour servir de complément unique aux études juridiques.

Il faut qu'un enseignement spécial vienne former le trait d'union entre les cours faits à la Faculté et le temps consacré au stage.

A cet effet, il suffira que des maîtres éminents exposent et développent, devant les étudiants en Notariat, ce que l'expérience leur a appris. Telle est l'idée maîtresse servant de base à toute Ecole de Notariat.

Déjà en France, cette idée a reçu quelques applications. La ville de Fontenay-le-Comte eut l'honneur d'avoir la première Ecole, le 6 novembre 1802. M. Scholl créa, en 1831, une Ecole similaire à Bordeaux. Puis l'Association Polytechnique de Paris a organisé des cours pour les clercs de notaires.

Enfin, la loi du 12 août 1902, en permettant l'éclosion et la reconnaissance par l'Etat d'Ecoles de Notariat nouvelles, a indiqué d'une manière très nette la tendance générale à la création d'Ecoles professionnelles.

Nous ne doutons pas, d'ailleurs, que, dans un avenir assez rapproché, le Ministère de la Justice — de qui dépendent déjà les Ecoles de Notariat — ne favorise la création et la reconnaissance par l'Etat d'Ecoles professionnelles d'avoués, d'avocats, d'huissiers et, surtout, de magistrats et greffiers.

IV. — Utilité d'une Ecole de Notariat à Clermont-Ferrand

Notre siècle est celui de la vie pratique. Le sens pratique envahit tout. Et le Droit, science mouvante, se modèle sur la vie. Dans le maniement de ses rouages, la connaissance purement spéculative du Droit serait stérile. Il faut donc s'initier à la mise en œuvre des principes juridiques.

Jusqu'à présent, au contraire, les Facultés de Droit ont distribué un enseignement nettement théorique. Certes, il faut apprécier à sa haute valeur leur œuvre scientifique, remarquant d'ailleurs qu'elle est heureusement reproduite par la Faculté libre de Droit de Clermont-Ferrand. Les études doctrinales forment, en effet, les fondations puissantes sur lesquelles repose l'édifice juridique tout entier. Mais, aujourd'hui, elles ne suffisent plus.

A la Faculté des Sciences, l'élève vit dans le laboratoire; à l'Ecole de Médecine, il fréquente la clinique, mais en Droit, où donc est le laboratoire, où donc est la clinique? Le jeune juriste entre mal préparé dans les difficultés de la vie moderne, et c'est à l'aventure, souvent à ses dépens, qu'il apprend sa profession. Les débuts sont durs, le découragement vient vite. Qui saurait dire combien le Palais a perdu de talents, d'illustrations peut-être, à cause de ce manque de culture professionnelle.

L'Ecole de Notariat a donc l'ambition d'organiser *une sorte de Clinique juridique.*

Les étudiants y prendront conscience de leurs responsabilités futures; ils pénétreront la complexité de la procédure notariale en voyant des espèces vécues se dérouler sous leurs yeux. Ils auront pour maîtres des hommes rompus à la pratique des affaires, tandis que la même direction groupera sous une autorité unique la Faculté de Droit et l'Ecole de Notariat : à la Faculté de Droit les hautes sphères de la science ;

à l'Ecole de Notariat, le contact immédiat avec la vie des affaires.

Ainsi la création de l'Ecole de Notariat correspond entièrement aux tendances de l'esprit clermontois. Elle s'imposait dans cette grande cité industrielle et laborieuse qui est la terre classique de l'initiative et de l'effort.

Patrie de jurisconsultes illustres, métropole du Centre, atteignant bientôt 90.000 habitants, Clermont pourra désormais s'enorgueillir d'un enseignement supérieur complet.

Cette nouvelle Institution viendra apporter un accroissement de vitalité à l'Université de Clermont qui compte déjà : une Faculté des Lettres, une Faculté des Sciences, une Ecole de Médecine et de Pharmacie, un Institut de Chimie industrielle, une Ecole des Beaux-Arts, un Conservatoire national de musique, une Faculté libre de Droit et des Etablissements d'enseignement secondaire florissants et nombreux.

Enfin, la Cour d'appel de Riom, qui compte de si nombreux notaires, qui voit s'accroître tous les jours la proportion des jeunes gens se destinant à cette carrière si honorable du notariat, n'était-elle pas depuis plus de soixante années, désignée pour être le siège d'une Ecole de Notariat ? Aussi, grâce à la proximité de Riom et de Clermont-Ferrand (15 minutes en chemin de fer), les étudiants pourront faire un stage utile dans l'une des vingt études de Clermont-Ferrand et de ses environs.

DEUXIÈME PARTIE

PROGRAMME DES CONDITIONS D'ADMISSION

I. — But de l'Ecole

L'Ecole de Notariat de Clermont-Ferrand a pour but de donner à ceux qui se destinent au Notariat une solide instruction professionnelle, à la fois théorique et pratique et de les préparer ainsi à l'exercice de leurs futures fonctions, tout en les faisant bénéficier des prérogatives attachées au diplôme qui est délivré en fin d'études.

L'Ecole est avant tout une Ecole professionnelle.

Son programme comprend par suite :

L'enseignement des diverses branches du Droit proprement dit, dont un notaire doit posséder la connaissance certaine;

L'étude détaillée du Droit fiscal;

Les principes généraux sur les autres matières du Droit, qu'il est intéressant pour un notaire de connaître;

La théorie complète des risques et faits professionnels;

L'application de ces diverses connaissances à la rédaction de tous les actes qu'un notaire peut être appelé à connaître ou à recevoir.

II. — Conditions d'Admission

L'Ecole de Notariat est organisée sur les bases d'un très large recrutement.

Aucun grade, aucun titre universitaire n'est exigé : c'est l'Ecole professionnelle ouverte à tous.

Toute personne peut donc se faire inscrire à la

Direction de l'Ecole, chaque jour, de 9 heures à 11 heures. On péut se faire inscrire provisoirement par lettre adressée à M. le Directeur de l'Ecole, 5, avenue du Puy-de-Dôme.

Au moment de se faire inscrire, tout étudiant doit produire :

1º Une demande d'inscription, conforme à une formule qui sera délivrée à titre gracieux par la Direction ; cette demande devra notamment indiquer le domicile réel de l'étudiant ;

2º Une expédition de son acte de naissance ; cette copie pourra, au besoin, être reproduite sur papier libre ;

3º En cas de minorité, le consentement par écrit de ses père, mère ou tuteur, avec indication du domicile actuel de ces derniers.

III. — Régime de l'Ecole

I. — CONSTITUTION

L'Ecole de Notariat a été fondée par la Ville de Clermont-Ferrand qui a pris à sa charge tous les frais de constitution et de gestion de cette Ecole.

Elle est placée sous le patronage d'un Comité de Perfectionnement et elle reçoit l'appui effectif du *Comité Régional des Notaires du Ressort de la Cour d'appel de Riom* dont les Membres participent, comme Examinateurs, aux Examens Trimestriels.

II. — EXTERNAT

L'Ecole ne reçoit que des externes, mais la Direction se tient à la disposition des familles pour leur indiquer des établissements où l'on recevrait les étudiants en pension.

III. — DROITS D'INSCRIPTION

Les droits d'inscription sont fixés à 200 francs par année scolaire. Le montant de ces droits est payable en une fois. Il est toujours dû en entier, même par les étudiants qui seraient exceptionnellement admis ou qui quitteraient l'Ecole dans le courant de l'année scolaire.

L'Etudiant est inscrit d'office à la Faculté libre de Droit où, gratuitement, il prend ses inscriptions légales pour lui permettre d'acquérir le Certificat de Capacité ou le Diplôme de Licencié en Droit ; en se présentant à ces examens, il verse seulement les droits d'examens et de certificat ou diplôme.

IV. — RÈGLEMENT

Tout étudiant régulièrement inscrit adhère de plein droit aux règlements de l'Ecole. Tout en préparant, en outre, un diplôme d'Université (Capacité, Licence ou Doctorat) à la Faculté libre de Droit, il reste toujours soumis, en premier lieu, au règlement de l'Ecole de Notariat.

V. — DURÉE DES ÉTUDES

Les Etudes durent deux ans. — L'enseignement de l'Ecole de Notariat nécessite, en effet, deux années d'études. Cette durée est indispensable pour épuiser le programme très complet de l'Ecole. Elle a, du reste, l'avantage de coïncider avec la durée des études du certificat de capacité en Droit, par lequel beaucoup d'élèves de l'Ecole de Notariat voudront compléter leur éducation professionnelle, s'ils ne peuvent pas préparer leur licence en Droit.

Les examens de fin d'année et les examens de fin d'études ont lieu dans les premiers jours de juillet.

Les cours vaquent dix jours aux fêtes de Noël et du Nouvel An, et seize jours à Pâques. Les autres congés sont identiques à ceux des établissements d'enseignement supérieur de Clermont-Ferrand, c'est-à-dire des Facultés des Lettres et des Sciences, de l'Ecole de Médecine et de Pharmacie, etc.

VI. — BIBLIOTHÈQUE

Une salle de lecture est mise à la disposition des étudiants au siège de l'Ecole.

Les étudiants peuvent fréquenter la bibliothèque municipale, qui est ouverte le matin de 9 heures à 11 h. ½; le soir, de 2 h. ½ à 6 heures et de 8 heures à 10 heures (du 16 octobre au 15 avril).

Un droit de bibliothèque de dix francs est exigible dans les mêmes conditions que le droit d'inscription.

VII. — SCOLARITÉ

L'assiduité est d'absolue rigueur.

Cette assiduité comprend : 1° l'assistance aux cours, aux conférences et exercices; 2° l'exécution des espèces ou thèmes d'application; 3° la rédaction de cahiers de cours; 4° la participation aux examens.

Sous aucun prétexte, un étudiant ne peut manquer à ces diverses obligations. En cas de force majeure, il doit, en premier lieu, en aviser, par lettre, M. le Directeur de l'Ecole et, ensuite, à sa rentrée, justifier de la cause de son absence ou de son abstention.

Tout étudiant qui a 40 absences ne peut prétendre obtenir le diplôme de fin d'études.

IV. — Bulletins aux Familles

L'appel des étudiants étant fait à chaque cours, avis des absences est adressé aux parents et aucune dispense ne peut être accordée à ce sujet.

Régulièrement, après les examens de Noël, Pâques et juillet ou même plus souvent, s'il y a lieu, un bulletin est adressé par la Direction de l'Ecole aux familles des étudiants.

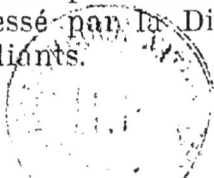

Ce bulletin contient toutes les indications nécessaires pour permettre aux familles de constater le travail et les progrès accomplis par l'étudiant.

En outre, M. le Directeur de l'Ecole se tient toujours à la disposition des familles pour fournir, toutes les fois que ces dernières le lui demandent, des renseignements sur la conduite et le travail des étudiants à l'Ecole.

V. — Stage

Les étudiants doivent être inscrits dans une étude de notaire afin d'acquérir le maximum de connaissances nécessaires à l'exercice de la profession de notaire.

Pour permettre aux jeunes gens de bénéficier ainsi de leur stage, la Direction de l'Ecole se met à la disposition des familles pour procurer, dans la mesure du possible, des inscriptions dans les diverses études de notaires de Clermont-Ferrand, de Riom et des environs.

VI. — Méthode d'Enseignement

L'enseignement qui est donné à l'Ecole de Notariat de Clermont-Ferrand, se divise en quatre parties :

1º Les cours théoriques ;

2º Les cours d'application ;

3º Les cours de Droit notarial ;

4º Les séances de travaux pratiques.

I. — COURS THÉORIQUES

Les cours théoriques de Droit civil, de Droit administratif, de Procédure civile et commerciale, de Droit international privé et de législation financière sont professés suivant la méthode adoptée dans l'enseignement des Facultés de Droit. Chaque professeur a soin de laisser une place prépondérante aux solutions de la jurisprudence pour habituer les étudiants à résoudre les questions de Droit à un point de vue pratique, afin d'assurer la validité des actes susceptibles de discussion devant les tribunaux.

Même aux cours théoriques, les professeurs interrogent soit avant, soit pendant, soit après leurs cours les étudiants, pour se rendre compte si leur enseignement est suivi et compris de tous.

II. — COURS D'APPLICATION

Les cours de Droit appliqué constituent une heureuse innovation, car ils permettent aux jeunes gens de voir la corrélation qui existe entre la doctrine et la pratique des affaires. Des problèmes juridiques sont soumis à l'étudiant; pour solutionner ces espèces nombreuses, il devra faire un choix éclairé parmi des règles contradictoires.

A cet effet, la Direction fait remettre aux étudiants des problèmes de Droit autographiés, rédigés par le professeur, qu'ils devront résoudre par écrit.

Au cours suivant, le professeur les interroge, leur demande sur quels principes ils ont fondé leur solution, quelle est la jurisprudence actuelle sur ces questions; une discussion peut même intervenir lorsque des solutions contradictoires se font jour. Enfin le professeur met au point la solution qu'il préconise, et les étudiants transcrivent sur leur cahier, à côté de leur solution personnelle, la solution du professeur. Les cahiers de Droit appliqué sont l'objet d'une vérification régulière de la part des professeurs.

III. — COURS DE DROIT NOTARIAL

Les professeurs expliquent, en premier lieu, dans les cours de législation notariale, la composition et le fonctionnement du Notariat, les devoirs et obligations du notaire, la comptabilité et les cas de responsabilité notariale.

Dans les cours de Droit notarial proprement dit, les professeurs examinent les divers actes notariés en indiquant, en premier lieu, les principes généraux sur les matières, en second lieu, le sens précis des formules généralement usitées, les moyens à employer pour éviter la perception des droits d'enregistrement élevés, tout en donnant entière satisfaction aux désirs des clients; puis, des explications complètes sont fournies sur les formalités qui suivent la réception de l'acte et les cas de responsabilité qui pourraient naître s'ils n'étaient évités.

Enfin, pour donner à cet enseignement toute la valeur nécessaire, les professeurs donnent aux étudiants un thème d'acte à rédiger chaque semaine.

La semaine suivante, le professeur, après avoir corrigé et noté chacune des compositions, indique de quelle manière l'acte aurait dû être reçu, les principes qu'il y avait eu lieu d'appliquer, les fautes qu'il fallait éviter. L'acte le mieux rédigé, après correction du professeur, est autographié et un exemplaire est remis à chaque étudiant.

IV. — TRAVAUX PRATIQUES DE NOTARIAT

Les travaux pratiques de notariat sont des exercices calqués sur la réalité. A cet effet, les étudiants sont groupés par trois : l'un représente le principal clerc, l'autre le clerc aux actes courants et aux formalités, le troisième est chargé de la comptabilité et des expéditions.

Puis, le professeur, dépouillant cette dernière qualité, pour représenter les clients, expose, dans un langage volontairement confus, le but de sa visite et donne des renseignements incomplets ou surabondants pour permettre aux clercs (les étudiants) de discerner l'acte qu'il y a lieu de rédiger; ensuite le professeur, qui est d'ailleurs notaire, pose des questions aux clercs, complète les renseignements qui lui sont demandés et, aussitôt, le travail est commencé.

Pendant l'exécution des travaux, le professeur cause

en particulier avec chaque étudiant, donne des
conseils, cite des exemples, rappelle un principe, agit,
en un mot, comme un notaire doit agir auprès d'un
clerc qu'il désire former.

A la fin de la séance, les étudiants remettent leurs
travaux qui sont examinés, corrigés et notés par le
professeur et, à la séance suivante ; le professeur fait
une critique générale des travaux qui lui sont soumis
et donne une note : 1° par étude ; 2° par étudiant.

Une émulation règne ainsi, non seulement entre
étudiants, mais encore entre études par suite d'une
collaboration très étroite des clercs. Les étudiants
rivalisent de zèle et l'on arrive ainsi à faire produire
un travail intensif, permettant une formation notariale sérieuse de la part des jeunes gens peu expéri-
mentés au moment de leur entrée à l'Ecole.

Cette méthode d'enseignement permet de considérer
l'étudiant comme un élève et non comme un auditeur
bénévole et de lui imposer, par suite, non seulement
l'obligation de suivre tous les cours, mais encore de
contrôler son travail par des interrogations, des devoirs , des rédactions d'actes et un travail pratique,
comme dans une étude de notaire.

C'est ce qui explique que les jeunes gens non munis
de stage peuvent suivre avec fruit l'enseignement qui
est dispensé à l'Ecole, puisque le corps enseignant
ne se préoccupe nullement des études antérieures et
considère tous les jeunes gens comme des débutants.

VII. — Examens

Examens en cours d'études. — Il est passé, par tous
les étudiants, un examen comportant une épreuve
écrite et une épreuve orale, avant les vacances de
Noël et de Pâques. Ces épreuves portent sur l'enseignement du trimestre écoulé.

Le jury de ces examens est composé de professeurs
de première année et de professeurs de deuxième
année.

Examens de fin d'année. — Quant à l'examen de fin d'études de première année, comprenant lui aussi une épreuve écrite et une épreuve orale, il porte sur tout l'enseignement qui a été fait jusqu'à la fin de l'année et a lieu dans les premiers jours de juillet. Le jury nommé par le Conseil de surveillance est composé du directeur de l'Ecole, de deux professeurs de première année et de deux professeurs de deuxième année. Les étudiants qui n'obtiennent pas la moitié des points qui peuvent être attribués, sont ajournés à la session de novembre.

Il faut être admis à ces examens pour pouvoir être autorisé à suivre les cours de deuxième année.

Examens de fin d'études. — A la fin de la deuxième année, les étudiants qui ont obtenu la moyenne des notes qui pouvait être acquise au cours de la première année et pendant les trois trimestres de la seconde année, sont autorisés à se présenter à l'examen de fin d'études en vue de l'obtention du diplôme d'élève de l'Ecole de Notariat.

Cet examen, qui comporte une épreuve écrite et une épreuve orale, est subi devant un jury composé de :

1° M. le Président du Tribunal Civil;

2° Un Professeur de Faculté de Droit;

3° Le Directeur de l'Ecole;

4° Un Employé supérieur de l'Enregistrement, désigné par le Directeur départemental;

5° Le Président de la Chambre des Notaires de Clermont-Ferrand ou un Membre de la Chambre.

Le jury est présidé par le Président du Tribunal civil.

VIII. — Consécration des Etudes

1° CERTIFICAT D'ÉTUDES

Les jeunes gens qui ont suivi régulièrement les cours de l'Ecole pendant les deux années d'études, reçoivent un certificat d'études.

2° DIPLOME DE L'ÉCOLE DE NOTARIAT

Les étudiants qui ont subi avec succès les examens de fin d'études se voient conférer le diplôme de l'Ecole de Notariat de Clermont-Ferrand, qui dispensera de deux années de stage et d'une année de première cléricature lorsque l'Ecole sera reconnue par l'Etat.

3° CLASSEMENT DES ÉTUDIANTS

Enfin, il est procédé, à la fin de chaque année scolaire, au classement des étudiants par année d'études, en totalisant le nombre des points obtenus aux trois examens trimestriels ou annuel subis par chaque étudiant.

4° CONCOURS ANNUELS

Au cours du dernier trimestre, un Concours de Droit civil et un Concours de Droit notarial a lieu.

Des prix consistant en ouvrages de Droit, diplômes et médailles offerts par : la Ville de Clermont-Ferrand, le Département du Puy-de-Dôme, des Compagnies de Notaires et d'autres généreux donateurs, peuvent être attribués aux lauréats.

5° PLACEMENT DES ÉTUDIANTS

Les meilleurs étudiants sont spécialement recommandés par le Directeur de l'Ecole auprès des notaires de la région.

TROISIÈME PARTIE

Programme des Matières enseignées

Première année.

I. — COURS DE DROIT CIVIL

Notions générales sur le Droit. Notions historiques sur la codification française.

De la publication, des effets et de l'application des lois en général; État et capacité juridique des personnes.

Jouissance et privation des droits civils. Des actes de l'état civil. Domicile. Absence.

Mariage, divorce et séparation de corps.

Paternité et filiation. Adoption et tutelle officieuse.

De la puissance paternelle, minorité, tutelle, émancipation, majorité. De l'interdiction. Du Conseil judiciaire.

Distinctions des biens. Propriété, usufruit, servitudes.

Des différentes manières dont on acquiert la propriété. Prescriptions acquisitives et loi du 23 mars 1855, articles 1 à 9.

Des Successions, des Donations, des Testaments et des Partages.

II. — COURS DE DROIT APPLIQUÉ

Rédaction, correction, explication et commentaire de nombreux problèmes de Droit, portant sur les matières enseignées dans l'année.

III. — COURS DE LÉGISLATION NOTARIALE

Historique du Notariat.

Législation étrangère.

I. — *Constitution du Notariat français.* — Des Clercs : admission, stage, avancement, examens.

Des Notaires : Conditions d'admission, transmission, translation et suppression d'offices.

Devoirs et obligations des notaires envers les clercs, les confrères et les clients. Discipline.

Compétence et capacité des notaires.

Capacité des parties, des témoins et des clercs.

II. — *Fonctionnement du Notariat.* — Forme des actes ordinaires et des actes solennels.

Formalités auxquelles sont soumis les actes; Enregistrement, Hypothèques, Législation, Publicité, Répertoire, Sceau.

Copies d'actes : Expéditions, Grosses, Extraits, Copies collationnées, Copies figurées, Copies photographiques.

III. — *Comptabilité notariale.* — Tarification des actes, Taxe, Exécution.

IV. — *Responsabilité notariale.* — Chambre de Discipline, Ministère public, Juridictions et Sanctions pénales.

IV. — COURS DE DROIT NOTARIAL

PREMIÈRE PARTIE

Formules diverses de comparution des parties aux actes notariés.

Actes unilatéraux, Notoriétés, Certificats de vie, etc.

Consentement à mariage, Notifications respectueuses: Mainlevées d'opposition à mariage, Autorisations maritales.

Constitutions de pensions alimentaires.

Reconnaissance d'enfants naturels.

Consentement et actes respectueux pour adoption et tutelle officieuse.

Notoriétés relatives à l'adoption et à l'absence.

Comptes de tutelle et d'administration légale.

Constitutions et renonciations aux droits d'usufruit, d'usage et d'habitation.

Reconnaissance, Constitutions, Cessions et Abandons de servitudes et de mitoyenneté.

DEUXIÈME PARTIE

Comptes de bénéfices d'inventaire et de successions vacantes. Abandon de biens par un héritier bénéficiaire.

Licitations, Cessions de droits successifs et retrait successoral.

Donations : entre vifs, entre époux. Acceptation, Révocation, Confirmation de donation par les héritiers.

Testaments : Olographe, Mystique, Public. Révocations de testaments. Délivrance de legs.

Billets simples et à ordre. Lettres de change. Reconnaissance de dettes.

Obligations pour prêt; ouverture de crédit.

Quittances. Subrogations. Mainlevées.

V. — COURS DE DROIT FISCAL

1° *Enregistrement*. — Principes généraux. Lois organiques et modificatives. Bureaux compétents. Délais. Paiement des droits. Obligations des notaires.

Pénalités. Restitutions. Prescriptions

2° *Timbre*. — Notions générales, timbre de dimension, timbre proportionnel, etc.

3° *Droits hypothécaires*. — Organisation. Formalités. Droits. Salaires.

VI. — COURS DE DROIT ADMINISTRATIF

Notions générales. — Fondement constitutionnel de l'administration. Séparation des pouvoirs.

Organisation administrative. — Administration centrale. Décentralisation administrative. Administration départementale. Administration communale. Ville de Paris.

Services publics. — Défense nationale. Police : hygiène, cultes, réunions et associations. Voirie. Travaux publics et expropriation pour cause d'utilité publique. Enseignement. Assistance. Prévoyance.

Personnes morales. — Etat : domaine public et domaine privé. Départements, communes : Actes de leur vie civile. Etablissements publics et d'utilité publique.

Contentieux et juridictions. — Recours contentieux. Séparation des autorités et conflits. Tribunaux administratifs. Conseil d'Etat. Conseils de Préfecture. Ministres. Juges. Juridictions spéciales.

Contrats administratifs. — Vente. Expropriations pour cause d'utilité publique. Dons et legs aux personnes morales.

Lois des 21 avril 1810. Loi du 1er juillet et lois subséquentes.

Droit Rural.

VII. — LÉGISLATION FINANCIÈRE

1° Rôle de la Science et de la Législation financière;
2° Objet et division du cours.

Le budget. — 1° Principes généraux; 2° Notions et caractères du budget; 3° Confection du budget; 4° Exécution du budget; 5° Contrôle du budget.

La dette publique. — 1° de l'emprunt; 2° de la dette consolidée ou perpétuelle; 3° de la dette amortissable; 4° de la dette remboursable à terme et par annuités; 5° de la dette flottante. De la dette viagère, pensions de retraite.

L'Impôt. — 1° Notions générales; a) définitions et principes; b) division et impôts;

2° Des impôts directs : a) exposé de notre système d'impôts directs; b) systèmes divers et projets de réforme;

3° Des impôts indirects : a) des contributions indirectes; b) des droits de douanes; c) des droits d'enregistrement, d'hypothèques et de timbre; d) postes; télégraphes et téléphones.

4° Le Cadastre.

Etablissements publics et financiers. — Caisse des Dépôts et Consignations, Caisses d'épargne, Caisse nationale des retraites pour la vieillesse, Banque de France, Crédit Foncier.

VIII. — SÉANCES DE TRAVAUX PRATIQUES

Dans les séances de travaux pratiques de Notariat, les étudiants sont appelés à exercer matériellement les fonctions qu'ils devront occuper ultérieurement.

Deuxième année.

I. — DROIT CIVIL

Contrats et obligations conventionnelles en général.
Contrats de mariage.
Petits contrats, Vente échange, Louage, Prêt, Dépôt,
Mandat, Cautionnement, Contrats aléatoires, Transactions.
Contrats de Sociétés.
Nantissement, Privilèges et Hypothèques, Expropriations, Ordre entre les créanciers, Prescription.

II. — COURS DE DROIT APPLIQUÉ

Rédaction, correction, explication et commentaire de
nombreux problèmes de Droit portant sur les matières
enseignées dans l'année.

III. — COURS DE DROIT NOTARIAL

PREMIÈRE PARTIE

Prêts sur privilège de second ordre, nantissements, antichrèse.
Warrants agricoles.
Prêts du Crédit Foncier de France.
Quittances d'ordre, acceptilation, délégations, prorogations de délais.
Actes récognitifs, confirmatifs, rectificatifs.
Ventes et adjudications amiables ou judiciaires de meubles et d'immeubles.
Origines de propriétés.
Cessions de fonds de commerce, de créances et d'offices.
Ventes de biens appartenant à des mineurs, ventes judiciaires, licitations.
Ventes à réméré.
Echange de biens ruraux contigus et échanges avec ou
sans soulte.
Baux. Cessions de baux. Sous-location. Sous-traité.
Contrats d'apprentissage et de travail.
Contrats de dépôts.

Ventes à charge de rentes perpétuelles ou viagères. Cessions et rachats de rentes.

Procurations générales et particulières, substitution de pouvoirs, mandats, etc.

Cautionnements personnels et réels.

Cessions de biens, dations en paiement, contrats d'atermoiements, compromis, transactions.

Contrats de mariage : avec adoption des régimes de communauté légale ou conventionnelle, d'exclusion de communauté, de séparation de biens, dotal. Contre-lettres. Rétablissement de communauté.

Certificats de propriété. Actes relatifs aux Caisses d'épargne ou aux Caisses de retraite pour la vieillesse.

Affectation hypothécaire, bordereaux, cession de priorité, translation, transmission, subrogation et renonciations d'hypothèques.

Renouvellements, radiations et mainlevées d'inscriptions hypothécaires.

Purge des hypothèques légales. Ordre et distribution.

Inventaires : après décès, après dissolution du mariage ou de communauté.

DEUXIÈME PARTIE

Actes de notoriété.

Contrats de Sociétés.

Sociétés civiles universelles ou particulières.

Sociétés commerciales.

Publicité des Sociétés.

Liquidations. Partages : de successions, de reprises, de communauté, des Sociétés.

Partages d'ascendants, partages testamentaires.

IV. — COURS DE DROIT FISCAL

Application des principes de Droit fiscal aux divers actes enseignés pendant les deux années aux cours de Droit notarial.

V. — COURS DE PROCÉDURE CIVILE

Notions générales sur l'organisation judiciaire.

Compétence des diverses juridictions; justice de paix, tribunaux civils, Cour d'appel, Cour de cassation, Officiers ministériels.

Marche des instances. Jugements. Modes d'instruction. Exceptions.

Voies de recours. Opposition. Appel. Pourvoi en cassation. Voies de recours extraordinaires.

Procédures spéciales. Référés.

Justices de paix. Tribunaux de commerce. Conseil de Prud'hommes.

VI. — VOIES D'EXÉCUTION

Délais. Exécution des jugements et des actes. Saisie-arrêt et saisie-exécution. Saisie-brandon. Saisie de rentes.

Saisie immobilière. Ordres et distributions par contribution.

Procédures relatives à l'ouverture des successions.

Apposition des scellés. Oppositions. Levée des scellés.

Inventaire.

Vente du mobilier.

Vente des immeubles des majeurs, des mineurs.

Partages et licitations. Bénéfice d'inventaire. Renonciation : à communauté et succession.

Successions vacantes.

Action en séparation : de biens, de corps.

Divorce.

Accidents de travail.

Interdiction. Dation de conseil judiciaire.

Procédures relatives aux successions.

Arbitrage.

VII. — COURS DE DROIT COMMERCIAL

Liberté du commerce, de la concurrence. Concurrence déloyale. Atteintes et entraves à la liberté du commerce. Obligations des employés, vendeurs de fonds de commerce, anciens associés.

Des commerçants. Habilitation des incapables.

Actes de commerce. Livres et effets de commerce.

Contrat de change, lettre de change, billet à ordre, chèque.

Du gage en matière commerciale, nantissement de fonds de commerce. Magasins généraux. Ventes. Warrants.

Agents de change. Courtiers.

Législation concernant les contrats de transport. Voituriers.

De la faillite et de la liquidation judiciaire. Banqueroute. Réhabilitation.

Sociétés. Sociétés civiles, Sociétés commerciales en nom collectif, en commandite simple, par actions. Sociétés à capital variable. Sociétés en participation. Sociétés de secours mutuels.

Sociétés d'assurances. Tontines. Assurances accidents, incendie, vie. Autres assurances.

De la propriété industrielle et commerciale. Brevets d'invention. Dessins et modèles, marques, noms commerciaux, enseignes.

VIII. — COURS DE DROIT INTERNATIONAL PRIVÉ

Théorie de la nationalité. Statut personnel, statut réel, conflit des lois.

Actes de l'état civil des Français à l'étranger.

Mariage et contrats de mariage des Français à l'étranger et des étrangers en France.

Certificat de coutume, formalités auxquelles sont soumis les actes passés à l'étranger.

Contrats et obligations passés à l'étranger par des Français et en France par des étrangers.

Hypothèques : conventionnelle, judiciaire et légale en Droit international.

Règles à suivre pour le partage des successions ouvertes en France au profit des étrangers et ouvertes à l'étranger au profit des Français.

Dons et legs faits par des étrangers en France ou par des Français à l'étranger.

SÉANCES DE TRAVAUX PRATIQUES

Dans les séances de travaux pratiques de Notariat, les étudiants sont appelés à exercer matériellement les fonctions qu'ils devront occuper ultérieurement.

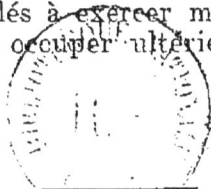

Horaire des Cours de l'Ecole de Notariat de Clermont-Ferrand

HEURES	MARDI	MERCREDI	JEUDI	VENDREDI	SAMEDI
	PREMIÈRE ANNÉE				
8 20	Législ. not. (1ᵉʳ sem.). Droit civil (2ᵉ sem.).	Législ. not. (1ᵉʳ sem.). Droit civil (2ᵉ sem.).	Législ. not. (1ᵉʳ sem.). Droit civil (2ᵉ sem.).	Droit administratif.	Droit administratif.
9 30			Droit civil.	Droit civil.	Droit civil.
10 40	Droit civil appliqué.	Législation financière.	Droit notarial.	Droit notarial.	Droit notarial.
17 30					
	DEUXIÈME ANNÉE				
8 20	Droit civil (1ᵉʳ sem.). Législ. not. (2ᵉ sem.).	Droit civil (1ᵉʳ sem.). Législ. not. (2ᵉ sem.).	Droit civil (1ᵉʳ sem.). Législ. not. (2ᵉ sem.).	Procédure civile.	Procédure civile.
9 30	Voies d'exécution.	Droit internᵗ privé.	Droit civil.	Droit civil.	Droit civil.
10 40	Droit notarial.	Législation financière.	Droit commercial.	Droit commercial.	Droit commercial.
16 20	Droit fiscal.	Travaux pratiques.	Travaux pratiques.	Travaux pratiques.	
17 30	Droit notarial.	Droit notarial.	Conférence.	Droit civil appliqᵗ.